Marie-France Müller

Médecines douces pour animaux

Mieux les soigner et les aimer

Dessins de
R. M. Nault

Du même auteur…

AUX EDITIONS JOUVENCE

L'argile facile, Coll. Pratiques Jouvence, 1998
Le chlorure de magnésium, Coll. Pratiques Jouvence, 1998
L'enfant timide, Coll. Pratiques Jouvence, 1997
Vivre au positif, Coll. Pratiques Jouvence, 1997
Oser parler en public, Coll. Pratiques Jouvence, 1997
Croire en soi, Coll. Pratiques Jouvence, 1997
Cuisine végétarienne rapide, Coll. Pratiques Jouvence, 1997
Timide, moi ? Plus jamais, 1996

CHEZ D'AUTRES ÉDITEURS

Les réflexothérapies : comment masser les zones-réflexe de votre corps, Editions Retz, Paris, 1981
Le monde de l'ésotérisme et de la parapsychologie, (en collaboration), Le Livre de Paris, 1980
* *Vaincre la timidité,* Editions Press Sélect, Montréal, 1978
* *Des énergies pour demain,* Editions de l'Agora, Genève, 1978
* *Les plantes médicinales,* Editions de l'Agora, Genève, 1978

* épuisé

Catalogue Jouvence gratuit sur simple demande

illustration de couverture : J.-C. Marol
maquette & mise en pages : atelier weidmann

Case postale 143, 1233 Bernex / Genève, Suisse
ISBN 2-88353-164-1

« Comme nous, les animaux sont des âmes vivantes. Ils ne sont ni des choses, ni des objets, non plus que des humains. Et cependant, ils éprouvent le chagrin et l'amour ; ils dansent, ils souffrent et ils subissent les hauts et les bas de l'existence. Les animaux sont des expressions du « grand esprit » qui baigne notre univers. Ils partagent avec nous les dons de la conscience et de la vie. »

GARY KOWALSKI, *Les animaux ont-ils une âme ?* Editions Jouvence

Je dédie ce livre à mes « professeurs de vie » et amis :
Rajah, Topaze, Simba, Cannelle, Gouby, Zaza, Félix, Ussila, Micky, Oscar, Bidule, Pioute, Millie, Nestor, Delphine, Clotilde, Aristide et Isidore, Bébert et Zina, Roucoucou, Grisette, Gédéon, Fifi, et tant d'autres...

Sommaire

Soins naturels : les animaux aussi

Depuis près de trente ans passés à dispenser conseils de santé et soins naturels aux humains de mon entourage, j'ai pu constater à quel point la demande était tout aussi forte en ce qui concernait leurs petits (et plus gros) compagnons, estimant à juste titre que ce qui est bon pour eux l'est aussi pour leurs animaux :

« Au fait, vous m'avez conseillé la tisane de radicelles de malt pour mon diabète et ça m'a bien réussi. Or mon labrador aussi est diabétique (tiens donc !) : pensez-vous que je pourrais aussi lui en faire prendre ? »

« Mon eczéma a complètement disparu avec cette poudre d'œufs de caille dont vous m'aviez parlé. Ma jument en est couverte et rien ne semble la soulager. Je pourrais peut-être lui en donner et en quelle quantité ? »

« Mon chat perd ses poils. Le vétérinaire a dit que c'était une teigne et il m'a donné une pommade à base de cortisone. Or, je connais les dangers de ce produit : je refuse moi-même d'en prendre ! N'y a-t-il vraiment rien d'autre à faire ? »

C'est ce qui m'a donné l'idée de ce petit guide. Notre maison a toujours servi de clinique à des éclopés de tout poil ou plumes. Combien de chats, condamnés par le vétérinaire à la « piqûre » fatidique parce qu'il n'y avait « plus rien à faire », n'avons-nous pas vu reprendre force et vigueur grâce à quelques plantes, de l'argile ou un peu de chlorure de magnésium...

Au fil des années, nous avons hébergé et tiré d'affaire de cette manière toute sorte d'animaux, domestiques ou « sauvages » : une pie dont l'aile était brisée, toutes sortes d'oiseaux en détresse, de nombreux chats, des hérissons blessés, un lapin qui avait bien failli finir en civet, une poule faisane, je ne sais combien de souris éclopées prises dans nos pièges « trip-trap» (une petite boîte géniale qui ne leur fait aucun mal[1]) et que nous soignons avant de les relâcher à l'autre bout du champ, quelques rats aussi, si sympathiques quand on commence à

[2] Vendu pour un prix fort modique en magasin de diététique (Davidson diffusion).

mieux les connaître, à condition de bien leur apprendre à respecter nos limites (j'ai pu constater en ce domaine l'efficacité d'une bonne communication).

Nous avons même recueilli il y a trois ans, un jour de marché, une cane visiblement gavée qui s'était échappée près de notre chemin on ne sait comment. Rassurez-vous : elle est toujours en vie, heureuse après une bonne cure d'amaigrissement et pas mal de câlins ; nous lui avons même offert un peu de compagnie : il est vrai que nos amis ont eu la chance de tomber dans une famille végétarienne ! Un coq nain blessé et deux petites poules ont suivi et même, l'an dernier, une jeune pigeonne sauvée des griffes d'un matou gourmand ; en dépit de nos tentatives pour la rendre à la compagnie des siens, elle refuse de nous quitter et ne craint pas même nos chats (qui d'ailleurs la dédaignent) démontrant ainsi une étonnante capacité de pardon et d'équilibre psychique en dépit de l'épreuve passée.

Il est vrai que nos animaux ont tellement l'habitude de voir s'installer chez nous de nouveaux « membres de la famille » (de passage ou définitifs) qu'ils ne représentent plus de danger pour aucun d'entre eux. Nous nous demandons d'ailleurs souvent si une invisible pancarte n'a pas été posée à notre insu près de chez nous, indiquant aux terriens de tous poils et plumes qu'il s'agit d'un centre de remise en forme ouvert à tous, avec hébergement gratuit !... Aujourd'hui même, d'étranges sons de trompette m'ont attirée vers le jardin où j'ai eu la surprise de trouver, perchés sur la porte de l'enclos, un couple de paons magnifiques ! Seraitce, comme le pensent les bouddhistes, de bon augure pour ce livre tout juste entrepris ?

Il est certain que nos invités-surprise furent mes principaux professeurs en la matière, ainsi que mon champ d'expérimentation et j'aimerais vous faire partager un peu de cette merveilleuse expérience que représente pour nous le contact rapproché avec le monde animal, si injustement réduit et rabaissé au rang d'inférieur par notre humanité trop souvent mégalomane, névrosée et anthropocentrique.

Sans prétendre faire le tour de la question (c'est impossible dans le cadre trop étroit de ce petit livre dont chacun des chapitres pourraient faire l'objet d'un ouvrage détaillé : plus tard, peut-être...), nous aborderons diverses techniques de base qu'il vous sera aisé d'appliquer. Vous découvrirez ainsi qu'il vous est possible ensuite d'adapter à votre compagnon nombre de moyens simples que vous utilisez aussi pour vous-même: diététique, phytothérapie, mais aussi réflexologie et massages! Comme bon nombre de vétérinaires pratiquent l'homéopathie (et même, pour certains, l'acupuncture et l'ostéopathie) nous n'en parlerons pas, mettant plutôt l'accent sur quelques méthodes peu ou mal connues qui présentent l'avantage d'être inoffensives, non toxiques, simples à mettre en œuvre... et pour la plupart gratuites ou très bon marché!

□

Animal en bonne santé, maître heureux !

Vous êtes l'heureux ami d'un animal et – comme il en est de tous les amis – vous souhaitez le voir heureux, plein de vie et de santé. Vous avez lu tous les livres possibles le concernant. Malgré cela, vous restez parfois sur votre faim...

Certes, vous faites de temps à autre examiner votre chien ou votre chat par un vétérinaire et vous tentez de le nourrir selon les conseils reçus : la plupart du temps avec croquettes et boîtes. Ne vous a t'on pas dit et redit qu'il n'y avait rien de meilleur pour lui ? Que ces menus avaient été établis par des spécialistes uniquement préoccupés de sa santé et que peu importait le fait que, sa vie durant, il mange jour après jour la même chose, en dépit de ses mimiques destinées à vous amadouer et obtenir de vous quelque chose qui ressemble à ce que contient votre assiette tellement odorante et appétissante ?

Parfois, un doute vous saisit... Avec toutes ces histoires de « vache folle »... Se pourrait-il que ce qui semble de toute évidence mauvais pour vous soit bon pour lui ? que votre chien ou votre chat demeure invulnérable alors qu'humains, bovins et même poissons d'élevage ne résistent pas à cette alimentation antinaturelle et polluée ? (Saviez-vous que ces poissons aussi ont été nourris aux farine animales et qu'il étaient (?) des réservoirs potentiels, eux aussi, de la maladie de Creutzfeldt-Jakob ?)...

Et puis, vous-même faites attention à votre nourriture, certes, mais aussi à votre manière de préserver votre santé : vous préférez prévenir que guérir et, dans le cas où vous tombez malade, vous êtes adepte de ce qu'il est convenu d'appeler les « médecines douces ». Vous vous sentez donc mal à votre aise de traiter différemment vos compagnons, dont vous ressentez pourtant intuitivement que la physiologie est bien proche de la vôtre.

Il est vrai que nous sommes de plus en plus nombreux à partager nos maisons et appartements avec des amis de tout poil ou plumes dont nous tentons de nous occuper le mieux possible. Chiens, chats, oiseaux, cochons d'Inde et hamsters (pour ne citer qu'eux) tiennent une grande place dans nos préoccupations. Pour la plupart choyés (ce qui est bien), souvent trop gâtés (ce qui l'est moins), ils sont fréquemment suralimentés (et souvent mal), médicalisés à l'extrême, coupés de leur instinct, cloîtrés dans des espaces trop restreints et donc stressés (combien de chiens, de nos jours, ne connaissent plus que les ballades en laisse dans des rues surpeuplées et bruyantes).

Dans pareil contexte, il importe, pour qu'ils retrouvent un bon équilibre physique et psychique, de leur offrir un mode d'existence plus sain : en modifiant leur alimentation de manière adéquate, mais aussi en leur offrant des soins non toxiques, qui dynamisent les défenses naturelles de leur organisme au lieu de les amoindrir, comme c'est trop souvent le cas aujourd'hui.

Comme pour vous, une bonne hygiène de vie (nourriture saine, activité physique suffisante, soins « naturels ») sont les garants d'une bonne santé et d'un bon équilibre, rassurant pour vous et vos enfants.

Pensez aussi que c'est dès son jeune âge que vous préparez votre animal à rester en grande forme le plus longtemps possible. Il a pour cela besoin – comme vous – de bien se nourrir, de faire du sport régulièrement et plus que tout, de votre amour !

Encore un conseil. J'ai souvent pu constater l'efficacité des formulations positives sur les animaux. Comme nous le sommes, ils sont sensibles à votre regard sur eux, à ce que vous dites d'eux, à ce que vous leur exprimez. Il n'est que de voir la honte qu'exprime un chat rentré couvert de boue d'une expédition nocturne, pour peu que vous vous moquiez gentiment de lui : il s'enfuit généralement pour ne reparaître devant vous que parfaitement léché, même si ce travail lui prend quelques heures ! Aussi, surtout lorsqu'ils sont malades, encouragez-les, expliquez-leur les bienfaits que vous espérez de tel remède, de ce cataplasme d'argile, de ce massage, ainsi que la confiance que vous avez en leur faculté de s'auto-guérir. Ils y seront sensibles !

□

Règles de base de diététique animale

Il en est de l'alimentation de nos animaux comme de la nôtre : elle souffre de nombre d'idées reçues ! Pourtant, comme c'est le cas pour nous, une bonne alimentation est un gage de santé.

Comme chiens et chats

Parmi les maîtres de chiens et de chats, il est deux camps entre lesquels la guerre fait rage : les partisans de la nourriture industrielle (boîtes, croquettes...) et les inconditionnels (dont je suis) du repas-maison.

Certes, il est tant de personnes qui ne prennent même plus le temps de préparer, pour elles-mêmes et leur famille, ces délicieux repas composés de produits frais – garants d'une bonne santé – qui régalent pourtant le corps et le cœur ! Alors, pour leur animal...

Mais tel n'est certainement pas votre cas: votre santé vous intéresse, mais aussi celle de vos compagnons.

Quand le temps vous manque

Peut-être n'avez-vous cependant guère de temps disponible et l'idée de préparer vous-même une pâtée ne vous séduit-elle guère: dans ce cas, utilisez des « boîtes » de bonne qualité, auxquelles il vous faut quand même penser à ajouter légumes et céréales (si possibles complètes) – il en existe sous forme de flocons déshydratés –, de la levure de bière, une cuillerée d'huile végétale vierge (de première pression à froid), un peu de fromage non fermenté, ou encore du yaourt, fromage blanc, un peu de beurre frais, un œuf...

Des gastronomes à quatre pattes

Si, par contre, vous adorez lui préparer son repas favori, encouragé par ses regards fondants et mimiques diverses destinées à vous transmettre son approbation, vous savez déjà à quel point ce genre d'attention (qui ne vous prend que peu de temps quand vous en avez pris l'habitude) resserre les liens. Ayez cependant bien conscience que vos petits plats doivent être adaptés, non à votre propre goût, mais aux besoins de votre toutou ou de votre minet préféré, sinon, bonjour les dégâts !

Menu-type

Inutile de composer des repas sophistiqués, pas plus que de choisir les meilleurs morceaux de viande ou des fruits et légumes hors saison : vos préparations doivent être rapides à réaliser (sinon, votre bonne volonté s'épuisera vite), à base de produits sains et bon marché.

Un ou deux repas quotidiens suffisent (sauf pour les jeunes), composé de :

- viande hachée ou coupée en morceaux, crue ou légèrement grillée
- poisson : une ou deux fois par semaine selon ses goûts
- légumes crus : carottes râpées ou entières, salade verte hachée menue
- légumes cuits (mélangés à la viande) : poireaux, épinards, haricots verts, petits pois, courgettes, asperges... N'oubliez pas d'ajouter oignon et ail, excellents pour leur santé. Nous ne manquons pas non plus de parfumer les céréales en cours de cuisson avec

une branche de thym, romarin ou autres herbes de Provence.

- céréales (de préférence complètes) : riz, soja, orge, maïs, blé germé, flocons... Il faut beaucoup les cuire pour les leur rendre assimilables.
- fromage non fermenté, un peu de beurre cru, yaourt ou fromage blanc
- œuf cru ou cuit deux ou trois fois par semaine
- huile végétale (olive, arachide, maïs, soja, germe de blé) vierge de première pression à froid (chiens et chats sont particulièrement friands d'huile d'olive, excellente pour leur santé et la beauté du poil)
- levure de bière (en ajouter à chaque pâtée)
- fruits crus, entiers ou coupés en morceau.

Un repas peut ainsi être composé de viande, légumes, riz complet, une cuillerée d'huile et un morceau de fromage. Inutile d'y ajouter du sel ! (Nous y ajoutons cependant toujours un peu de solution de chlorure de magnésium : une cuillerée à café pour un chat et petit chien, à soupe pour un animal plus gros[1]).

---

[3] Voir p. 38 : le chlorure de magnésium.

Sachez aussi que minou a besoin d'une ration carnée plus importante que son ami chien, lequel peut même être végétarien sans encombre (à condition de lui donner suffisamment de protéines végétales, comme le soja, du fromage et des œufs). Quant à votre toutou, les seuls os autorisés sont ceux de bœuf ou de veau.

Les quantités varient selon la taille de l'animal. Si la ration quotidienne d'un chat adulte de taille moyenne tourne autour des 120 à 150 g, celle d'un chien varie de 100 g... à 1350 g selon son poids:

- de 1 à 5 kg: 100 à 250 g
- de 5 à 15 kg: 250 à 500 g
- de 15 à 30 kg: 500 à 850 g
- de 30 à 60 kg: 850 à 1350 g

Pour les chiots et chatons, quatre repas par jour sont nécessaires, avec viande hachée et légumes, lait et flocons de céréales, fromage et œuf.

Bien entendu, en cas de maladie, demandez conseil à votre vétérinaire.

Aliments à proscrire

- charcuteries grasses et graisses cuites
- plats en sauce
- os de poulet, de lapin, côtelettes: les esquilles peuvent provoquer des perforations ou de la constipation
- poisson cru (à cause des arêtes)
- choux, chou-fleur et pommes de terre
- légumes secs
- fromages fermentés
- condiments: épices, moutarde...
- sucreries (sauf, à la rigueur, un peu de miel exceptionnellement).

Hamsters, cochons d'Inde, lapins nains, souris, rats

Leur équilibre alimentaire nécessite une nourriture variée et appétissante. Outre les granulés et graines de céréales, ils ont besoin de recevoir chaque jour un apport de légumes et de fruits propres et frais, ni humides ni fermentés: carotte, salade, endive, fruits divers, maïs, croûtons de pain rassis (complet de préférence). Evitez choux-fleurs, pomme de terre, tomate, agrumes. Donnez-leur aussi de petites branches d'arbres fruitiers à ronger : leurs incisives, à croissance continue, doivent être usées en permanence !

Si vous disposez d'un jardin, pensez à aménager un petit parc recouvert d'un grillage pour vos cochons d'Inde qui apprécieront de manger de l'herbe choisie par eux !

Tortues terrestres

Elles adorent salades diverses, fruits (surtout les fruits rouges), le pain trempé dans du lait, le fromage blanc riche en calcium, le jaune d'œuf dur écrasé. N'oubliez d'y ajouter du blé germé et, de temps à autre, un petit morceau de viande maigre.

□

L'argile : terre-miracle

Il est mille occasions d'utiliser l'argile, quelle que soit l'espèce, la race, la taille de votre animal. Ces quelques exemples vous donneront des idées.

Vous connaissez probablement les vertus thérapeutiques de l'argile et peut-être même en faites-vous usage sur vous-même[1]. Saviez-vous que c'est à l'observation des animaux que les hommes doivent d'avoir appris depuis la nuit des temps à s'en servir pour soulager leurs maux, guérir leurs blessures et recouvrer la santé ? Nombreuses sont les traditions qui en font mention.

Dans le cadre des traitements naturels, Kneipp avait déjà vanté au siècle dernier les

---

[1] Si tel n'est pas le cas, référez-vous à *L'argile facile,* M. F. Muller, Pratique Jouvence.

mérites de l'eau et des plantes médicinales. Il y ajouta l'argile qu'il conseillait mélangée à du vinaigre pour en préparer des emplâtres et des cataplasmes. Comme il l'exprima au cours d'une de ses conférences : « Le Créateur, infiniment bon, dans les choses les plus insignifiantes en apparence et auprès desquelles on passe de nos jours indifférent, a donné des remèdes à l'homme et aux animaux. L'un des plus remarquables est l'argile. »

Il avait pu constater, durant son enfance, les succès incroyables obtenus sur les animaux domestiques que l'on soignait avec des emplâtres d'argile dans les cas d'entorse ou d'infections diverses. Il arrivait même, dans les cas graves, que l'on enduise entièrement l'animal malade avec une pâte faite du mélange argile-vinaigre, ce qui généralement le sauvait.

Il eut par la suite l'occasion d'appliquer aux animaux, puis aux chevaux de l'archiduc François-Joseph d'Autriche, ce type de soins. Devant les bons résultats obtenus sur des cas très divers, il s'enhardit à étendre à l'homme ses expériences : « J'ai pensé que ce qui était bon pour les animaux devait l'être aussi pour l'homme ... et je puis dire que, des centaines de fois, l'argile est apparue comme un remarquable remède. »

Le remède favori de nos amis à quatre pattes (ou moins)

Vous l'avez vous-même remarqué lors de promenades à la campagne, votre chien lape volontiers les flaques d'eau argileuse rencontrées sur les chemins, il adore y patauger et s'en porte fort bien.

Les animaux sauvages aussi recherchent cette terre qui les soulage et les guérit: ils s'y roulent volontiers, y plongent leurs membres blessés, s'en appliquent sur leurs blessures qui cicatrisent ainsi très vite, sans s'infecter. Surveillez d'ailleurs votre réserve d'argile: tout animal en mauvaise santé s'en fera un refuge, que ce soit votre chat... ou une souris blessée! (aussi prenez soin de la bien protéger).

Propriétés de l'argile

Voici quelques-unes de ses étonnantes propriétés:

- l'argile absorbe et draine hors du corps les impuretés, les substances toxiques, les microbes et bactéries pathogènes;
- elle favorise la cicatrisation en accélérant la formation des tissus (c'est aussi un remarquable pansement gastrique);

- elle comble les carences et favorise la reconstitution osseuse en cas de fracture ou troubles de croissance, etc.;
- elle équilibre la flore intestinale, renforce les défenses de l'organisme, favorise la reconstitution des globules rouges en cas d'anémie...
- sa radioactivité naturelle lui permet d'absorber celle qui se trouve en excès sur des tissus exposés aux rayons (radiothérapie ou autre dont elle soulage les brûlures), mais aussi de revitaliser un organe ou organisme déficient.

Il est quelques règles simples qui vous permettront dès maintenant d'appliquer l'argilothérapie à vos animaux.

Choisir votre argile

Vous trouverez tout un choix d'argiles de couleurs différentes dans la plupart des pharmacie et des maisons de régime. L'argile verte est la plus courante et ses propriétés sont polyvalentes. Selon les cas, vous la choisirez concassée (pour les cataplasmes) ou en poudre surfine pour l'usage interne ou le poudrage.

Si vous avez l'occasion de récolter vous-même votre argile, prenez le temps de la laisser exposée au soleil, à l'air, à la pluie: elle en absorbera les énergies qu'elle vous restituera ensuite pour votre plus grand bien. Cependant, l'argile même directement extraite du sol possède la plupart de ses étonnantes propriétés: n'hésitez pas à l'employer.

L'argile en usage interne

Les animaux apprécient l'eau argileuse qu'ils boivent volontiers.

Mode d'administration

Le plus simple est de systématiquement additionner d'un peu d'argile surfine l'eau de boisson de vos animaux (chien, chat, cheval, mais aussi hamster, cochon d'Inde, lapin, oiseaux, poissons...et tous les autres). Pour vous donner un ordre d'idée, comptez environ quatre cuillerées à soupe d'argile par litre d'eau.

On peut aussi donner à un animal malade l'argile à l'aide d'une petite cuiller, si l'on veut être assuré qu'il a bien pris sa ration. Dans ce cas, mettez une cuillerée à café d'argile dans un demi-verre d'eau.

Propriétés de l'argile prise par voie buccale

Sa facilité d'administration permet de profiter au mieux de son action bénéfique, réellement polyvalente. Car il faut savoir que l'argile ne va pas se contenter de traiter le problème direct : elle agit sur tous les organes affectés, selon les besoins.

Ainsi va-t-elle aussi bien purifier et drainer l'organisme qu'enrichir le sang d'un animal anémié, guérir son problème de peau et combler ses carences diverses.

Certes, l'argile contient des traces de nombreux éléments minéraux, mais en quantité insuffisante pour expliquer son effet reconstituant. Les éléments qui la composent agissent en fait en tant que catalyseurs, permettant par leur présence la fixation et l'assimilation de ces substances que le corps ne savait plus retenir. Leur seule présence suffit. C'est pourquoi il est inutile de prendre de grandes quantités d'argile : une faible ration quotidienne permet d'obtenir le résultat recherché... et souvent plus encore !

Elle réglemente aussi le métabolisme de l'organisme, exerce une action régulatrice sur les glandes endocrines qu'elle stimule ou apaise, selon les besoins. Et comme elle absorbe aussi toutes les toxines et toxiques, on ne peut s'étonner des étonnants effets obtenus, que l'usage soit interne ou externe.

L'argile en usage externe

C'est la façon la plus immédiate d'utiliser l'argile, la plus naturelle chez les animaux qui s'en enduisent spontanément en cas de besoin ou s'y roulent. D'une utilisation facile et sans danger, vous pourrez y avoir recours en de nombreuses circonstances.

Il est aussi possible de mêler à l'argile des plantes broyées (par exemple du romarin ou de la salsepareille en cas de problèmes de peau), ainsi que du chlorure de magnésium ou de l'eau vinaigrée.

Cataplasme

Dans la mesure du possible, utilisez de l'argile préalablement séchée au soleil et broyée en granulés ou concassée en petits morceaux. Ne laissez jamais de métal en contact avec l'argile (cuiller, récipient...) : utilisez une cuiller en bois et un récipient en verre, pyrex, terre cuite, porcelaine, bois... Comme support au cataplasme, utilisez de préférence un tissu en textile naturel (linge de toile, coton, lin) : le plastique, de même que les tissus synthétiques, diminuent l'efficacité de l'argile.

Préparation du cataplasme

- *Prenez un saladier en verre, porcelaine, terre cuite, faïence, bois ou grès* (surtout ni métal ni matière plastique).

- *Versez-y de l'argile concassée* en égalisant légèrement la surface (gardez-en un peu en réserve pour épaissir le mélange, si besoin). Vous pouvez la préparer pour plusieurs jours à l'avance.

- *Recouvrez d'eau* (si possible : eau de source) sans en mettre trop (certaines argiles absorbent plus d'eau que d'autres). Pensez qu'il est plus facile d'épaissir un mélange trop fluide en rajoutant de l'argile que de fluidifier une préparation trop épaisse ! Vous pouvez aussi, selon le cas, additionner l'argile de sel marin, de quelques gouttes d'huile essentielle, d'eau vinaigrée, de chlorure de magnésium et/ou de plantes réduites en poudre.

- *Laissez reposer sans y toucher* : elle se désagrège toute seule. Résistez à la tentation de la remuer pour en faire une pâte lisse : elle deviendrait collante et difficile à utiliser ! La consistance doit être assez ferme pour ne pas couler, tout en n'étant pas trop épaisse. La pratique vous démontrera vite la bonne méthode.

- *Disposez ensuite la pâte argileuse sur un linge assez épais.* Ce linge (toile, coton, fil) doit être beaucoup plus grand que le cataplasme, lequel doit couvrir une surface plus étendue que la surface à traiter. Utilisez une spatule en bois (surtout pas en métal) pour répartir l'argile sur une épaisseur de deux ou trois centimètres (ne la tassez pas, laissez-la s'étaler naturellement).
- *Puis posez le cataplasme à l'endroit voulu,* en laissant l'argile en contact direct avec la peau. Maintenez-le en place avec un bandage pas trop serré

Le cataplasme doit être large et bien couvrir toute la surface à traiter. Selon les cas, vous pourrez le laisser en place de quelques minutes à plusieurs heures et même toute la nuit.

Après application et séchage, retirez-le doucement et nettoyez la peau avec de l'eau tiède (ne jamais employer d'alcool ni d'eau de Cologne). Et surtout, jetez l'argile après usage, car elle se sera chargée de toxines et poisons divers !

Sachez aussi qu'il existe des cataplasmes tout préparés qu'il vous suffit de mouiller avant de les appliquer (« catargile »). Il est conseillé de toujours disposer chez soi d'une réserve bien utile en cas d'urgence.

Durée et cadence d'application

L'argile est un remède puissant qui risque d'occasionner des réactions fortes de l'organe ainsi traité : il est donc sage de ne pas en abuser et d'éviter les applications trop répétées qui risqueraient de fatiguer un organisme déjà affaibli. Soyez donc mesuré, ce qui vous permettra d'obtenir de ce merveilleux remède les meilleurs résultats.

a) Traitement d'un organe profond (estomac, foie, reins, pancréas, rate, etc.)

S'il s'agit de *décongestionner* un organe, de traiter un état aigü (inflammatoire ou infectieux), les premières applications doivent être laissées en place tant que le cataplasme est bien toléré : généralement deux ou trois heures, parfois beaucoup moins (tout dépend de la patience et de l'état de l'animal). Ne remettez pas aussitôt un nouveau cataplasme : vous risqueriez de trop fatiguer l'organisme. Vous pourrez en appliquer un second dans le courant de la journée, mais pas plus.

b) Traitement de surface (vertèbres, articulations, peau etc.)

Pour reconstituer le capital osseux (fracture, ostéoporose, décalcification, rachitisme, etc.), l'application dure en principe toute la nuit.

S'il s'agit de traiter une plaie, une lésion inflammatoire, un abcès, un furoncle: le cataplasme peut être renouvelé tous les quarts d'heure, demi-heures ou heures, selon la rapidité du réchauffement. Le garder plus irait à l'opposé du but recherché. Continuez les applications jusqu'à l'obtention du résultat en les renouvelant si possible nuit et jour.

Si l'application a été bien menée, le cataplasme est presque sec et se retire facilement, ne laissant que très peu d'argile sur la peau et les poils. Dans le cas contraire, il colle: détachez-le en faisant couler un peu d'eau tiède entre l'argile et la peau, puis débarrassez-vous des particules résiduelles simplement avec de l'eau, sans savon.

Et encore une fois: **jetez l'argile** après usage, car elle est devenue toxique! Il faut même éviter de la manipuler. Lavez après usage les linges et bandages qui sont entrés en contact avec elle; vous pourrez les réutiliser une fois secs.

Si vous êtes l'heureux propriétaire d'un cheval, ayez recours à l'argile pour toute inflammation des paturons ou gonflement des articulations: appliquez des cataplasmes que vous pourrez laisser en place toute la nuit... et appréciez les résultats!

Si votre animal réagit mal aux vaccins obligatoires...

Comme c'est le cas chez les humains, certains animaux supportent mal les vaccinations. Certaines sont cependant obligatoires, que ce soit pour l'emmener à l'étranger, le présenter en exposition, le faire séjourner dans un terrain de camping, une pension pour animaux ou tout lieu public. Dans ce cas encore, l'argile représente la solution :

- Munissez-vous d'un de ces cataplasmes tout préparés auxquels nous avons déjà fait allusion (catargile : vendu en pharmacie ou en magasin de diététique). Humectez-le avec de l'eau tiède avant de partir et emportez-le dans un sac plastique.
- Dès que vous avez quitté le cabinet vétérinaire, appliquez ce cataplasme sur la zone où vient d'être pratiquée la vaccination. Maintenez-le en place environ deux heures. Il faut placer l'argile le plus vite possible, ce qui lui permet de réabsorber au maximum le vaccin.

Evitez d'interrompre un traitement commencé

Même provisoirement ! Avant d'entreprendre ce type de traitement, assurez-vous de pouvoir le poursuivre jusqu'au bout, c'est-à-dire jusqu'à la guérison totale. L'argile nettoie tout l'organisme et produit des réactions en chaîne qu'il serait préjudiciable d'interrompre brutalement, sous peine de possible accentuation locale des symptômes.

Une puissante action de nettoyage

Celle-ci peut donner l'apparence d'une aggravation du mal, correspondant en fait à l'action de drainage de la partie traitée : cette aggravation apparente ne présente aucun danger et prouve au contraire l'action bienfaisante de l'argile. Par exemple, un abcès ou un ulcère a de fortes chances de commencer par s'agrandir et se creuser en laissant s'écouler du pus et du sang, avant de cicatriser et disparaître.

Compresse

Il est parfois préférable, surtout dans les débuts lorsqu'on craint une trop forte réaction au cataplasme, ou dans le cas de lésions infectées, d'appliquer une compresse de boue.

La préparation en est simple : il suffit de préparer un mélange très fluide (moins d'argile et plus d'eau) dans lequel vous plongerez un linge de toile ou une serviette éponge qui doit ressortir couverte d'une fine couche d'argile.

Appliquez la compresse sur la région choisie et recouvrez le tout d'un linge sec. Fixez avec une bande velpeau ou une ceinture de tissu souple. L'application est beaucoup moins longue : une demi-heure à une heure suffisent généralement, excepté la nuit durant laquelle on peut la laisser en place plusieurs heures.

Bain

Une méthode pratique consiste dans certains cas à plonger l'animal ou une de ses pattes (par exemple en cas d'abcès ou de blessure) dans un récipient contenant de la boue argileuse. On peut aussi simplement l'en enduire... et l'envoyer faire une ballade dehors, s'il fait assez chaud !

On peut améliorer cette formule en préparant l'argile avec du chlorure de magnésium dilué (un sachet pour un litre d'eau) : les résultats n'en seront que meilleurs, surtout dans le cas de blessures infectées ou d'ulcérations (rappelons que le chlorure de magnésium protège aussi du tétanos !)[2].

Poudrage

Utilisez pour cela de l'argile verte surfine dont vous aurez préalablement rempli un sucrier pour sucre en poudre. Ayez-en toujours à portée de la main. Cette argile désinfecte, apaise la douleur, calme les inflammations, accélère la cicatrisation des plaies, morsures, griffures, brûlures, ulcérations diverses, ainsi que de toute lésion cutanée: eczéma, prurit, pelade, teigne, piqûres...

Votre compagnon se gratte, présente des lésions de la peau ou s'est blessé: saupoudrez son pelage avec cette argile et renouvelez-en l'application une ou deux fois par jour. L'amélioration ne se fait pas attendre!

Vous pouvez aussi préparer une pommade en mélangeant l'argile à de l'huile d'amande douce additionnée, le cas échéant, de quelques gouttes d'huiles essentielles (Lavande, Pélargonium, Ravensare...) ou de plantes finement hachées.

---

[2] Voir chapitre suivant.

Chlorure de magnésium ? une véritable panacée...

Argile et chlorure de magnésium sont à mes yeux irremplaçables par leur simplicité d'application, leur remarquable efficacité et leur faible coût. Connaissez-vous ce merveilleux remède, simple, sans toxicité et si bon marché ? Il peut vous permettre de vous soigner, vous-même et vos animaux, pour quelques francs, là où même les antibiotiques semblent inefficaces[1]. Il s'agit en outre d'un remède qu'il vous sera très facile de vous procurer : adressez-vous à n'importe quelle pharmacie qui vous le délivrera sans ordonnance ! Il vous en coûtera en moyenne cinq à sept francs français pour un traitement de quelques jours, selon les cas. Il semble difficile de faire mieux.

[1] Lire à ce sujet *Le chlorure de magnésium : un remède-miracle méconnu,* M.F. Muller, Pratiques Jouvence.

Des résultats rapides

Peu ou mal connu (je dirais même *méconnu*), le chlorure de magnésium permet cependant bien souvent d'obtenir des résultats rapides et spectaculaires, y compris dans certains cas de pathologies graves ou aiguës et bon nombre de maladies infectieuses. Le Professeur Delbet le considérait même comme l'un des meilleurs agents prophylactiques du cancer ! C'est dire son immense intérêt, y compris pour les animaux. Mais sans aller jusque là, il peut rendre d'immenses services dans nombre de petits maux dont peuvent être atteints nos amis, ainsi que dans les cas plus sérieux.

C'est de plus un remède préventif remarquable aux multiples vertus dont le seul inconvénient est ... son goût détestable ! Cependant, on s'y fait vite et je n'ai jamais connu de difficulté à le faire absorber à mes animaux : passée la première (mauvaise) surprise, ils en constatent l'efficacité et comprennent qu'ils ont tout intérêt à se laisser faire. Ils sont en cela bien plus sages que la plupart d'entre nous...

En usage vétérinaire, la méthode cytophylactique («qui protège les cellules») au chlorure de magnésium offre de multiples possibilités.

Sur mes amis à pattes (quatre ou deux), les résultats ont toujours été excellents : du hamster à notre chien, tout le monde y passe au moindre signal d'alarme. De plus, nous en ajoutons régulièrement un peu à leur nourriture, en fonction de leur poids, afin de prévenir les maladies éventuelles. Et cela marche !

La plupart de mes petits compagnons sont des rescapés promis à une fin prématurée avant d'arriver chez nous en désespoir de cause et généralement sur notre proposition (ils s'y sont souvent établis !). Dans ce cas-là, nous commençons aussitôt par leur donner une cure de chlorure de magnésium à bonne dose (tant pis pour les quelques dégâts des deux premiers jours) : le résultat ne se fait jamais attendre...

Certes, il faut quelque peu les « persuader » d'avaler cette mixture, mais nous y sommes toujours parvenus, même avec des animaux qui ne nous connaissaient pas.

Comment l'employer

Facile à préparer, simple à prendre, peu coûteux, il faut penser à ce remède dès qu'un malaise survient car il peut éviter des problèmes plus graves. Ainsi, un chat en contact avec l'un de ses congénères atteint de leucose – cette terrible maladie assimilée à la leucémie qui décime la population féline –, pourra facilement être protégé d'une éventuelle contamination en consommant quotidiennement dans sa nourriture un peu de chlorure de magnésium.

Il faut savoir que ce produit a un effet légèrement laxatif. Si vous en donnez un peu trop, un petit accident peut se produire ; mais le plus souvent, votre animal n'aura aucune difficulté à se retenir : que cela ne vous arrête donc pas. Considérez comme normale et de bon augure les selles molles de votre chat ou de votre chien en début de traitement. Par la suite, les choses se régularisent d'elles-mêmes.

Mode de préparation

Rien de plus simple. Vous trouverez en pharmacie des sachets dosés à vingt grammes de chlorure de magnésium.

Il suffit alors de diluer le contenu de ce sachet dans un litre d'eau peu minéralisée (ou Volvic, Mont Roucous...) : votre solution est dès lors utilisable et se conserve très bien. Inutile de la mettre au frais.

Pensez aussi à toujours détenir chez vous quelques sachets d'avance : cela vous évitera de traverser la ville à la recherche d'une pharmacie de garde un dimanche ou en pleine nuit !

Usage interne

Faire prendre une dose de la solution (adaptée au poids de votre animal) de une à six fois par jour, selon le cas (voir plus loin). On peut faire prendre la solution directement, ou la mélanger à la nourriture ou à la boisson.

① Si l'on désire seulement un **effet préventif** (fatigue, épidémie ou autre), il suffit généralement d'en prendre une dose matin ou soir pendant quelques jours.

② En cas de **maladie aiguë** (fièvre, toute infection) : il est souhaitable de débuter par deux ou trois doses rapprochées à trois heures d'intervalle ; puis prendre une ration toutes les six heures pendant quarante-huit heures ; puis toutes les douze heures (selon l'état du malade). On termine par une dose au coucher pendant une semaine pour restaurer le bon état immunitaire.

③ En cas de **troubles bénins sans fièvre :** on peut se contenter d'une ration une ou deux fois par jour. Toujours poursuivre cetraitement quelques jours après la disparition de tous les troubles.

Comme vous le constatez, ce traitement est fort simple, non contraignant (on peut l'emmener avec soi en voyage, etc.), bien qu'efficace. Il se couple très bien avec un traitement homéopathique, allopathique ou autre, si vous le désirez.

N.B. Pour simplifier vos déplacements, procurez-vous en pharmacie de la Delbiase (chlorure de magnésium sous forme de comprimés). Il vous suffit de laisser fondre dans un peu d'eau un quart, un demi ou un comprimé, selon la taille de l'animal.

Chat

Nos chers matous se montrant des personnages délicats, point question d'en mélanger plus d'une cuillerée à café à leur pâtée, même leur préférée : ils la bouderaient tout aussitôt d'un « snif » dédaigneux et préféreraient s'abstenir de manger plutôt que se commettre à telle indignité. En cas de maladie, la méthode forte s'impose donc : la pipette ! Demandez à votre pharmacien une petite seringue hypodermique.

Tenez votre chat par la peau du cou en le soulevant légèrement ou en le maintenant fermement aplati, selon le cas, et injectez-lui rapidement le produit dans la gueule, sur le côté. Prenez soin de la lui maintenir aussitôt fermée, sinon il risque de tout recracher !

Dans le cas de chat vigoureusement opposé à toute action de ce genre (j'en ai connu !), il faut procéder à deux : enveloppez le chat dans une couverture ou une grande serviette de bain repliée plusieurs fois pour ne pas vous faire griffer, maintenez-le bien serré en laissant seulement émerger la tête que la deuxième personne saisit d'une main tout en y « injectant » le produit de l'autre.

Posologie

- chaton : 10 cc en respectant le rythme adapté (une à six fois par jour)
- chat adulte : 20 cc à une cuillerée à café par dose.

Maladie du jeune chat: le typhus

Due à un virus très contagieux, la maladie est le plus souvent mortelle chez les animaux non vaccinés (parfois même chez ces derniers). La méthode cytophylactique donne cependant d'excellents résultats, même entreprise tardivement (j'en ai fait l'expérience moi-même). Cependant, mieux vaut soigner dès les premiers symptômes, évidemment.

Une ou deux cuillerées à café de la solution toutes les deux ou trois heures le premier jour, puis deux ou trois fois par jour selon amélioration, jusqu'à la guérison définitive.

Gastro-entérite infectieuse

Là encore, le chorure de magnésium fait merveille, à raison d'une cuillerée à café (deux si la maladie est traitée avec retard) toutes les trois heures jusqu'à amélioration, puis seulement une cuillerée à café deux ou trois fois par jour jusqu'à complet retour à la normale.

Toute autre maladie peut être soignée de la même façon.

Cheval

Le traitement par le chlorure de magnésium se montre aussi très efficace... et peu coûteux ! Gourme, typhose, fièvre typhoïde... , il n'est guère de maladie infectieuse qui résiste à ce traitement pourtant si simple.

Il est trois méthodes :

- si votre ami l'accepte : lui injecter dans la bouche avec une grosse seringue un litre ou plus de solution (on peut aussi l'y forcer...).

- dans le cas contraire, il vous faudra le maintenir éloigné de son abreuvoir habituel pour lui faire boire la solution dans un seau.
- autre possibilité : mélanger la solution à du son.

Posologie

Poulain : ½ litre de la solution deux fois par jour (ou plus, si besoin).

Jusqu'à 500 kg : 1 litre toutes les six heures pendant quatre jours, puis toutes les huit heures jusqu'à guérison définitive.

Au-dessus de 500 kg : 1 litre et demi de la solution, comme indiqué précédemment.

Dans les cas très graves, débutez par deux doses rapprochées à deux ou trois heures d'intervalle.

Dans tous les cas, respectez les rythmes indiqués. On peut augmenter ou diminuer la quantité en fonction des réactions de l'animal, les chevaux réagissant généralement très bien à ce traitement.

Usage externe

En usage externe, la solution de chlorure de magnésium vous rendra de grands services : bains de pieds, lavages de plaies et lésions, compresses etc. C'est un bon complément au traitement à l'argile. Pensez aussi que vous pouvez préparer votre pâte argileuse en remplaçant l'eau par la solution de chlorure de magnésium !

NOTE : Ce type de traitement s'applique aussi, bien entendu, aux bovins. Le docteur Neveu traitait ainsi avec succès la fièvre aphteuse, l'avortement épizootique, la non-délivrance des vaches, la mammite, les phlegmons, coryzas et bronchites vermineuses... Mêmes posologies.

Chien

Il suffit généralement d'ajouter à sa pâtée la ration nécessaire : il avalera tout goulûment. S'il est très malade et refuse de s'alimenter, armez-vous d'une seringue (dont vous aurez enlevé l'aiguille, évidemment !) et « injectez »-lui le produit dans la gueule par la commissure des lèvres.

Posologie

- petit chien ou chiot : une cuillerée à café ou à soupe (20 à 50 cc) une à plusieurs fois par jour, selon la taille et la gravité du cas.
- chien moyen : un verre (125 cc) une à plusieurs fois par jour

- gros chien : un verre et demi (180 cc) une à plusieurs fois par jour.

Maladie de Carré

Cette maladie est l'équivalent de la poliomyélite humaine et se soigne avec bonheur selon la même méthode. Le chlorure de magnésium guérit immédiatement la forme oculo-nasale, rapidement les formes digestive et respiratoire. Il guérit aussi la forme nerveuse, paralysante, pourvu qu'en principe la paralysie n'excède pas huit jours. L'expérience m'a prouvé que, même dans ce cas, on obtenait encore souvent la guérison et, en tout cas, toujours une amélioration nette de l'état de l'animal.

Faire prendre la solution toutes les six heures pendant quatre jours, puis toutes les huit heures jusqu'à guérison totale. En cas très grave, commencez par deux doses rapprochées à deux ou trois heures d'intervalle.

En cas d'urgence, faites-lui faire par votre vétérinaire des injections intraveineuses de chlorure de magnésium ***Chlorure de magnésium injectable***, commercialisé en pharmacie (Laboratoire Meram) : cela peut lui sauver la vie.

N.B. Les ampoules sont dosées à 5 g de chlorure de magnésium pour 20 ml de sérum physiologique : une demi-ampoule suffit pour un grand chien, ¼ d'ampoule pour un petit. Cette forme galénique ne s'utilise qu'en situation de grande urgence, lorsque l'on a trop attendu, par exemple dans des cas déclarés de tétanos, leucémie aiguë, hépatite virale, parvovirose... L'injection se pratique par voie intraveineuse lente (en 20 minutes).

Piroplasmose

La guérison est rapide : donner une dose de la solution matin et doir pendant deux ou trois jours.

Gastro-entérite

Faire prendre la solution matin, midi et soir pendant cinq jours.

Morsure de vipère

Vous connaissez votre chien : en ballade, rien ne l'arrête et il peut lui arriver, l'été, de faire de mauvaises rencontres. Sachez que, dans ce cas particulier, le chlorure de magnésium peut le (et vous) sauver : en général, une seule dose suffit !

Cochon d'Inde, Lapin nain

Il est très facile de lui faire prendre la solution avec un compte-gouttes. Une dizaines de gouttes suffisent, de une à six fois par jour, comme d'habitude. En cas d'infection grave, n'hésitez pas à donner une cuillerée à café deux ou trois fois par jour: il n'y a aucun risque de surdosage ! Préventivement, on peut aussi arroser les graines avec quelques gouttes, additionnées d'une préparation de vitamine C.

En cas de problème de peau (surtout chez le lapin nain) ou de conjonctivite, le chlorure de magnésium (ainsi que l'argile) rend de grands services en application locale.

Coq, poule, canard, pigeon, tourterelle, etc.

Il est très facile de soigner nos amis à plumes de cette façon, le plus simple étant de leur éviter de tomber malade en prenant l'habitude de mélanger du chlorure de magnésium à leur pâtée. Cette précaution est d'autant plus importante si vous consommez leurs œufs.

Préventivement: une dose adaptée au poids de l'animal dans l'abreuvoir (en plus de l'argile) ou, pour plus d'efficacité, mêlée à la pâtée, en cure ou en continu.

Curativement: soignez séparément l'animal malade en lui versant directement dans le bec la dose nécessaire ou remplacez l'eau de boisson par la solution magnésienne.

Diphtérie aviaire, choléra aviaire, typhose aviaire, peste aviaire:

Une dose de la solution toutes les trois heures (seulement la journée) jusqu'à guérison.

Pneumonie contagieuse des poulets

Une dose de la solution toutes les deux heures dans la journée jusqu'à guérison.

Diarrhée blanche, etc.

Remplacer l'eau de boisson par la solution de chlorure de magnésium.

Pépie

Une fois enlevée l'induration cornée de la langue, donnez aussitôt deux cuillerées à café de la solution: votre poule se remettra immédiatement à manger.

Posologie moyenne

- **poule, coq:** une ou deux cuillerées à café (selon la taille)
- **canard:** une ou deux cuillerées à soupe
- **pigeon, tourterelle**: une demi-cuillerée à café

Hamster

Trois à quatre gouttes suffisent, données au compte-gouttes ou mêlées à l'eau de boisson. (Il nous est même arrivé de soigner ainsi avec succès… une souris malade!). En cas de problème de peau, on peut aussi le lotionner avec un peu de solution.

Oiseaux

La cure cytophylactique vous sera d'un grand secours, surtout préventivement. Donnez-leur donc une cure de deux ou trois semaines lors des changements de saison ou lorsqu'ils vous semblent «patraques». Selon la taille de l'oiseau, ajoutez la ration de solution de chlorure de magnésium diluée dans l'eau de boisson: ils la prendront très bien. Surveillez leurs excréments et diminuez la dose en cas de diarrhée.

Posologie

- petits oiseaux (canaris, etc.): une demi-cuillerée à café de solution dans l'abreuvoir rempli d'eau (on peut ajouter des vitamines par la même occasion). Quelques gouttes pour les oisillons et les très petites races.
- tourterelles, mainates…: une cuillerée à café pour un abreuvoir plein.

- perroquets : une cuillerée à soupe pour un abreuvoir plein.

Poissons

Ajoutez quelques gouttes de chlorure de magnésium à l'eau de l'aquarium : cela ne pourra leur faire que du bien. Attention cependant à la dose, surtout pour des poissons d'eau douce : restez **très** modéré !

Usage externe

Ayez le réflexe « chlorure de magnésium » pour soigner toutes les blessures ou lésions diverses, dès que possible. La solution ne « piquant » pas, votre animal en gardera un bon souvenir pour la fois suivante. Pensez aussi à la pommade cytodelbiase, à base de chlorure de magnésium (en pharmacie).

Plaies, blessures diverses, morsures

Lavez la plaie avec la solution de chlorure de magnésium et n'ajoutez rien d'autre. Si la blessure semble infectée : appliquez une compresse imbibée de la solution et maintenez-la en place par un bandage, si possible. Sinon, essayez de la laisser appliquée au moins quelques minutes : le temps d'un bon câlin.

Dans certains cas, il peut être plus facile et efficace de baigner un membre, le pied d'un cheval, une patte, dans une bassine remplie de la solution normale à 20 g par litre de chlorure de magnésium – que vous pouvez aussi additionner d'argile si l'opération peut être pratiquée dehors (attention à votre moquette !). Quelques minutes suffisent. Renouvelez l'opération selon besoin.

Il est souvent utile d'administrer dans le même temps le chlorure de magnésium matin et soir par voie interne, jusqu'à guérison. En cas d'infection, température élevée : suivez la posologie habituelle en le faisant prendre à intervalles réguliers plusieurs fois par jour.

Eczéma, teigne, gale, alopécie et autres problèmes de peau

Lotionnez généreusement le pelage deux à trois fois par jour en faisant pénétrer jusqu'à la peau. Prenez garde en hiver à ce que l'animal ne prenne pas froid. Ajoutez un peu de chlorure de magnésium à son alimentation quotidienne pour soutenir les défenses immunitaires, ainsi que de la levure de bière et de l'huile de germe de blé (vitamine E).

Brûlure

Appliquez une compresse de gaze imbibée de chlorure de magnésium. Vous pouvez ensuite la laisser en place en vous contentant de doucement la mouiller avec la solution plusieurs fois par jour. Vous pouvez alterner avec des applications de boue argileuse.

Tous les animaux peuvent bénéficier de la méthode cytophylactique, associée ou non à d'autres soins. En vous inspirant des conseils précédents et avec un peu de pratique, vous établirez facilement le meilleur programme.

□

Naturothérapie pour chiens et chats

Appliquée aux animaux, la méthode naturopathique permet d'obtenir de remarquables résultats, analogues à ceux obtenus sur les êtres humains. Il s'agit d'une thérapeutique naturelle, cherchant d'abord à soutenir les défenses d'un organisme souvent délabré par des habitudes alimentaires malsaines et/ou un mode de vie aberrant. Car il faut être lucide : les animaux aussi souffrent du stress provoqué par notre vie moderne et, comme nous, leur santé s'en ressent.

Naturopathie et médecine : deux conceptions opposées

La conception naturopathique de la santé et de la maladie se situe à l'opposé exact de celle de la médecine moderne.

Cette dernière ne voit en effet que dangers, agressions diverses et faiblesse d'un organisme sans défenses auquel il convient de se substituer pour le protéger (vaccins, antibiotiques, etc.). La médecine moderne est ainsi à l'image de nos sociétés : violente, répressive et guerrière ; son vocabulaire même en est l'image : thérapie lourde, antibiotique (qui tue le vivant), « nous allons nous battre », anti ceci, anti cela... Elle constitue par contre une remarquable médecine d'urgence.

A l'inverse, la naturopathie fait confiance à la sagesse du corps et sait que la maladie n'est qu'un effort de l'organisme en vue de se débarrasser de ce qui l'encombre. Ainsi va-t-on essentiellement chercher à comprendre la nature du problème, ses origines, afin de corriger les éventuelles erreurs. Puis, l'on s'efforce de soutenir et stimuler les défenses naturelles de l'organisme, lui laissant le soin de rétablir l'équilibre (ce qu'il fait généralement très bien, pour peu que l'on s'y prenne à temps et que l'on évite les interférences intempestives, souvent si dévastatrices). C'est une médecine de terrain, aux traitements parfois de longue durée.

En cas de doute quand à l'état de votre animal, n'hésitez pas à consulter un vétérinaire : il est des situations d'urgence où une injection médicamenteuse ou une intervention peuvent lui sauver la vie !

Phytothérapie et compléments alimentaires : quelques conseils de santé bien utiles

Il faudrait un gros volume pour faire le tour des méthodes naturelles de santé adaptées aux animaux : tel n'est pas le but de ce livre (cela viendra peut-être plus tard...). Par contre, il est des conseils simples qui pourront souvent vous dépanner, soulager vos amis et vous indiquer quelques pistes que vous pourrez ensuite parcourir à loisir par vous-même.

Plantes, compléments alimentaires, vitamines et minéraux sont d'excellents remèdes applicables à vos compagnons. Voici quelques exemples d'application pratique courante.

Arthrose et vieillissement

Dans le cas d'un chien, une complémentation en calcium (poudre d'os, ostéocynésine) magnésium et vitamines E et C s'impose. Pour un petit chien : ¼ de comprimé par jour de poudre d'os, 100 u.i. de vitamine E, ½ comprimé de vitamine C 500 ; pour un grand chien : 1 comprimé de poudre d'os, une gélule de vitamine E 200 et un comprimé de vitamine C 500.

Bronchite, troubles respiratoires

L'*eucalyptus,* la *cannelle,* le *thym,* le *marrube,* le *tussilage* et le *genévrier* en infusion ou en décoction peuvent être donnés par cuillerées à café une ou plusieurs fois par jour. Une feuille de *bouillon blanc* bouillie dans une tasse de lait calme la toux du chat.

Chaleurs de votre chienne ou chatte

Le *houblon,* la *sauge* et le *souci* en tisane, à raison d'une cuillerée à soupe quotidienne pendant une semaine avant les chaleurs, en permettent la régularisation.

Croissance

La *prêle,* le *fenugrec,* l'*ortie* sont à faire prendre en infusion à raison d'une cuillerée à café donnée à la pipette. Vous pouvez aussi mélanger les orties aux légumes et faire cuire le tout ensemble : c'est un excellent reminéralisant et dépuratif.

Dysplasie de la hanche

Ce mal dont souffre bon nombre de bergers allemands, mais qui touche aussi d'autres races,

Inhalation pour chien et chat ? Oui, c'est possible

Votre animal est enrhumé, son nez coule, il tousse : vous craignez que ne se prolonge ce coryza qui peut être dangereux. Il est un moyen simple : donnez-lui une inhalation. Comment ? Rien de plus simple :

- « Piégez » votre toutou ou votre minet dans son panier ou cage de transport et placez devant la porte (ou tout interstice) un diffuseur d'arôme contenant les huiles essentielles choisies (il existe des mélanges prêts à l'emploi) : thym (sauf thym à thymol, irritant), eucalyptus, aiguilles de pin, citron, lavande, cyprès ou santal...
- Recouvrez-le tout (panier et diffuseur d'arôme) d'une grande serviette de bain et laissez « mijoter » durant quelques minutes ! Ne tenez aucun compte des immanquables protestations : le bienfait apporté vaut bien ce petit sacrifice.

Si vous ne possédez pas de diffuseur d'arôme, remplissez un grand bol d'eau bouillante à laquelle vous ajoutez 3 gouttes de ou des huiles essentielles choisies.

S'il s'agit d'un gros chien, le plus simple est de le laisser quelques minutes dans une petite pièce (par exemple les toilettes) en compagnie du diffuseur ou du bol (placé hors de portée, bien sûr !).

peut être grandement amélioré, voire guéri, par la prise quotidienne de comprimés de luzerne (trois à dix par jour, selon la gravité), de vitamine E 200 (1 par jour), de vitamine C 500 et de complexe de vitamine B ou de levure alimentaire. Dès que la démarche s'est normalisée, diminuez progressivement les doses.

Garder la ligne

L'*orme*, le *frêne* et la *prêle* favorisent l'élimination des toxines : donnez-leur à boire cette tisane en cure de deux ou trois semaines.

Grossesse nerveuse

Si votre chienne a tendance à faire des grossesses nerveuses, donnez-lui de la tisane d'*armoise*: une cuillerée à café mélangée à la pâtée durant quatre jours, après les chaleurs.

Maladie de Carré, typhus du chat

Si le chlorure de magnésium fait merveille (voir p.22 et 23), pensez à y adjoindre de bonnes doses de vitamine C: selon la taille du chien ou du chat, ½ ou 1 comprimé de vitamine C 500 quatre à six fois par jour jusqu'à nette amélioration (généralement un jour ou deux); puis, diminuez les doses et espacez.

Mauvaise haleine

Il suffit la plupart du temps d'ajouter à la pâtée quelques brins de persil. Traitez aussi les troubles digestifs ... et donnez-lui un vermifuge!

Piqûres de guêpe, d'abeille...

Attention: elles peuvent mettre en danger la vie de votre compagnon par réaction allergique; il faut en ce cas consulter au plus vite un vétérinaire ou un pharmacien.

Retirez l'aiguillon, puis appliquez sur la piqûre des compresses de chlorure de magnésium additionné de vinaigre, d'eau citronnée, ou de décoction de feuille de noyer. En cas de piqûre dans la bouche, donnez-lui du persil à mâcher ou frottez-en la zone œdématiée. Vous pouvez faire de même avec un oignon cru coupé en deux, une gousse d'ail, des fleurs ou de l'huile essentielle de lavande, du jus de citron ou la partie blanche du poireau : massez les abords de la piqûre durant quelques minutes.

Problèmes de peau

La *salsepareille*, le *buis*, le *thym*, le *romarin* peuvent être soit appliqués localement en lotion, soit donnés mélangés à la pâtée (en infusion).

Localement, l'application plusieurs fois par jour de vitamine E fait merveille. Percez avec une aiguille une gélule de vitamine E 200 (diététique) et prélevez-en une petite goutte (ou plus, selon la surface à traiter) que vous appliquerez sur la lésion ; gardez la gélule entamée pour les applications ultérieures. Ajoutez aussi de l'huile de germe de blé à son alimentation.

Le zinc accélère la cicatrisation des lésions et des plaies. Vous pouvez en ajouter un demi-comprimé écrasé à la pâtée de votre animal, mais aussi préparer un onguent en mêlant à la pommade à base d'argile et d'huile d'amande douce indiquée précédemment : un comprimé de zinc écrasé et de la levure de bière.

Donnez-lui à volonté de la levure de bière (en paillette ou en comprimés).

Dans certains cas particulièrement résistants, l'huile de foie de morue fait souvent merveille.

Puces, tiques

Pulvérisez sur le corps de l'animal un peu d'huile essentielle de menthe pouliot, dite aussi « herbe aux puces » : ces dernières n'en apprécieront pas du tout l'odeur et déguerpiront. La levure de bière en comprimés débarrasse la plupart des chiens et chats de leurs puces : quatre à six comprimés par jour pour minet, six à douze selon la taille de votre toutou (de toute manière, il n'y a aucun risque de surdosage, même si votre petit félin croque un jour toute la boîte d'un coup, comme a fait l'un des miens).

Quelques copeaux de cèdre répandus sur son coussin éloignent aussi les puces.

Reproduction

Avant la date prévue pour l'accouplement, donnez à votre animal (mâle ou femelle) une gélule de vitamine E 50 à 200 par jour (selon la taille), ainsi que de la vitamine A. Pendant la grossesse, donnez à votre chatte ou votre chienne de l'ostéocynésine, ainsi que de la vitamine C en petite dose (½ à 1 comprimé par jour de C 500, en deux fois mélangé au repas).

Troubles digestifs et intestinaux

Le meilleur remède est à mon expérience l'*huile de millepertuis* qu'il est facile d'administrer à la cuiller (généralement, chiens et chats l'adorent), et sinon mélangée à la pâtée à raison d'une cuillerée à café une ou deux fois par jour durant quelques jours. Une cure préventive donnée deux fois par an représente une excellente protection de leur santé.

Tumeurs

La vitamine C peut se montrer très efficace. Pour un chat, un demi-comprimé de vitamine C 500 matin et soir, dissous dans un peu d'eau et mélangé à sa pâtée. Pour un chien : de 1 à 4 comprimés de vitamine C 500 selon sa taille, mélangée en deux fois à la pâtée.

Vers intestinaux
La *tanaisie* est efficace. On l'incorpore à la pâtée par cuillerée à café ou à soupe de l'infusion, en tenant compte du poids de l'animal. Renseignez-vous auprès de l'herboriste.

L'*ail* de nos grand-mères rend encore de loyaux services : laissez macérer pendant une nuit une gousse d'ail écrasée dans du lait bouilli chaud (une à cinq cuillerées à soupe selon la taille de l'animal) ; faites-la lui boire le matin à jeun, durant les trois jours qui précèdent la pleine et la nouvelle lune. Une demi-heure plus tard, donnez-lui une cuillerée à café d'huile de ricin. Une bonne prévention consiste aussi à ajouter ail et oignon à la pâtée quotidienne. Même mes gourmets de matous s'y sont fait ! Et si votre chien l'accepte, vous obtiendrez le même résultat en ajoutant simplement à sa pâtée une ou deux fois par semaine un gousse d'ail frais écrasée (quant aux chats, inutile de rêver...).

Des plantes pour vos poissons

Pourquoi dépenser de l'argent en « accessoires » décoratifs en plastique alors que quelques plantes bien choisies enjoliveraient votre aquarium tout en oxygénant l'eau et en servant de refuge à vos pensionnaires ? Le choix est vaste (demandez l'avis d'un spécialiste). Sachez simplement qu'il faut compter une plante pour quatre litres d'eau (par ex. 25 plantes pour un aquarium de cent litres).

□

La réflexologie

Vous faites de la réflexothérapie sans le savoir : lorsque vous caressez votre minet le long de l'échine et qu'il fait le dos rond de plaisir, quand vous tapotez distraitement le crâne de votre chien, lors du brossage aussi... Mais si vous désirez obtenir une réelle efficacité thérapeutique, il faut bien sûr en savoir un peu plus.

Le corps-hologramme

La réflexologie, c'est l'application du principe de correspondance selon lequel nous pouvons retrouver en diverses zones du corps (humain ou animal) le reflet des autres parties : organes, fonctions, squelette etc. Pour peu que l'énergie soit bloquée au niveau d'un organe, d'un membre ou de toute partie du corps, nous trouvons la trace de ce blocage dans les zones-réflexe correspondantes et, surtout, nous pouvons agir en stimulant ces zones. La réflexologie est donc à la fois une méthode de diagnostic et une thérapie.

Il est ainsi de nombreuses zones de projection et l'on est même en droit de penser que toute partie du corps en reflète l'ensemble. Parmi les mieux explorées à ce jour:

- **l'oreille**, sur laquelle est pratiquée l'auriculothérapie
- **le nez**, ou du moins la muqueuse endonasale sur laquelle on agit par la sympathicothérapie
- **l'iris de l'œil**, ce qui a donné naissance à l'iridologie, applicable aux animaux chez lesquels les zones-réflexe sont très analogues aux nôtres. J'ai eu l'occasion de le vérifier en de nombreuses occasions, un vétérinaire ami m'ayant à plusieurs reprises offert l'opportunité de pratiquer cet examen sur des animaux dont il connaissait les pathologies. Ceci me permet d'affirmer que le bilan iridologique peut être pratiqué avec succès sur des animaux, pourvu qu'ils aient la gentillesse de se laisser faire!
- **la plante des pieds**, qui permet la réflexologie plantaire, la mieux connue et la plus facile à mettre en œuvre, y compris sur vos animaux (voir plus loin)

- **la paume des mains**, sur laquelle on pratique la réflexologie palmaire, très semblable à la précédente
- **le visage**, très pratique à stimuler grâce à cette merveilleuse technique vietnamienne appelée Dien'Cham' (voir plus loin)
- mais aussi : **le thorax, l'abdomen, le cuir chevelu, le dos, la colonne vertébrale, la langue, l'arrière-gorge etc.**

L'utilisation bénéfique sur les animaux des thérapeutiques-réflexes prouve qu'il ne s'agit pas là d'une simple autosuggestion ! Des documents et gravures datant de plus de mille ans montrent qu'en Chine, à cette époque déjà, on soignait les animaux (les chevaux surtout) par l'acupuncture. Le docteur Dalet nous dit avoir assisté, en décembre 1979 en Chine, à une opération de l'estomac pratiquée sur un chien anesthésié par acupuncture[1].

---

[1] Docteur Dalet, *Soignez vous-même votre chien, votre chat, vos oiseaux, par simple pression d'un doigt,* Editions de Trévise et plus récemment : *Encyclopédie des points qui guérissent* aux Editions Jouvence.

Réflexologie plantaire pour chien et chat

Très efficace, simple, vous ne risquez rien à vous y essayer même si vous êtes débutant en la matière ; quant à vos petits patients, la séance leur semblera un câlin un peu trop appuyé ! Lieu d'action : les coussinets des pattes (les quatre !) et les zones interdigitales.

La guérison d'Inky

De nos jours, certains vétérinaires (surtout aux Etats-Unis) anesthésient ou soignent des animaux par la réflexologie. Mildred Carter, célèbre réflexologue américaine, raconte[2] comment elle obtint la guérison de son chien asthmatique Inky, alors âgé de trois ans.

Inky fut pris de crises d'asthme qui allaient en s'aggravant, en dépit de tous les traitements classiques entrepris. Jusqu'au jour où, lors d'une crise plus grave, Mme Carter eut l'idée de lui appliquer un massage-réflexe pratiqué au hasard, puisqu'elle ignorait les correspondances-réflexes sur les animaux. Elle mit l'animal sur

[2] Mildred Carter, *Hand reflexology,* Parker Publishing Company, New York 1975.

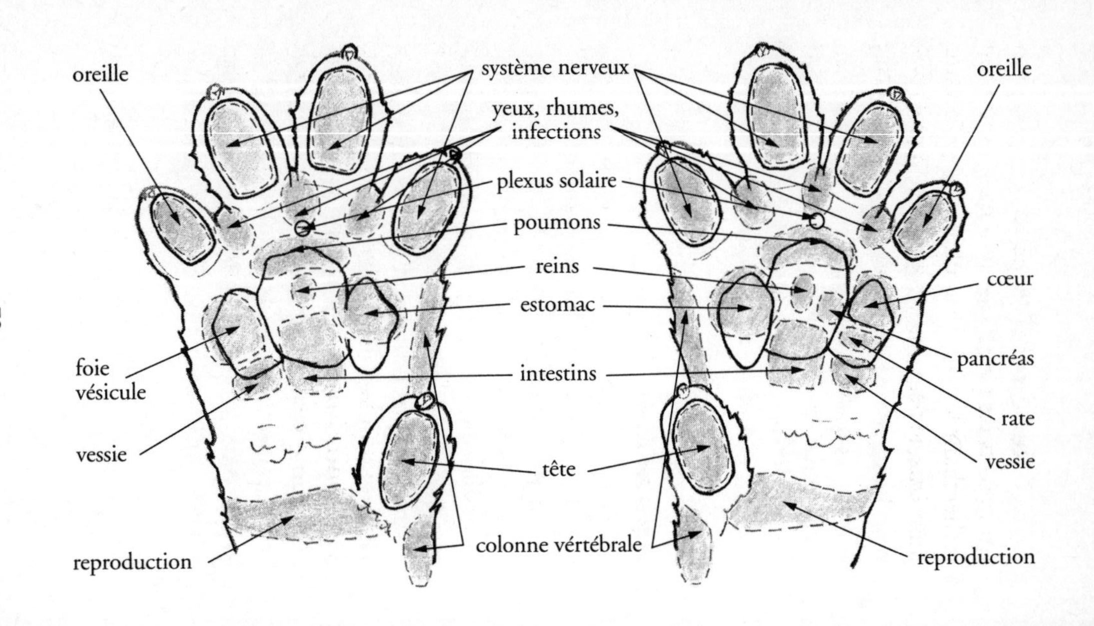
oreille
système nerveux
oreille
yeux, rhumes,
infections
plexus solaire
poumons
reins
cœur
estomac
pancréas
foie
vésicule
intestins
rate
vessie
tête
vessie
colonne vértébrale
reproduction
reproduction

le dos et entreprit de lui masser les coussinets situés sous les pattes, ainsi que les doigts, en recherchant les points douloureux. A certains moments, le petit chien protestait, mais il revenait bien vite sa position initiale. La crise s'apaisa en quelques minutes !

Dans le courant de la nuit suivante, il fut pris d'une autre crise et vint aussitôt demander de l'aide à sa maîtresse, se plaçant de lui-même sur le dos. Le même massage fut appliqué et couronné de succès. Il ne fut plus jamais question d'asthme !

Une « caresse » qui soulage

Il vous sera aisé d'appliquer cette technique sur votre chien ou votre chat. Il considèrera d'abord avec une certaine surprise cette caresse un peu douloureuse mais qui le soulage et saura la redemander en cas de besoin. Par contre, nos amis savent parfaitement interrompre la séance lorsqu'ils jugent qu'elle leur a apporté ses fruits : inutile de les forcer en ce cas. Mieux vaut recommencer un peu plus tard.

Technique du massage-réflexe

La réflexologie plantaire est une technique simple, sans danger, agréable à pratiquer aussi bien qu'à recevoir. Nous ne pouvons ici en aborder que les grandes lignes, mais cela pourra déjà vous être d'un grand secours.

Installez-vous tous les deux confortablement

Commencez par vous installer confortablement, ainsi que votre « patient ». S'il s'agit d'un chat ou d'un chien de petite taille, votre fauteuil préféré (pour vous) et vos genoux (pour lui) feront très bien l'affaire. S'il s'agit d'un grand chien, asseyez-vous par terre à côté de lui et faites-le s'allonger sur le dos ou sur le côté. Surtout, parlez-lui, expliquez-lui ce que vous comptez faire. Soyez détendu et naturel : une attitude trop concentrée ou tendue risquerait de faire naître en lui une appréhension préjudiciable à la suite des événements.

Personnellement, lorsque j'entreprends une séance de réflexologie pour la première fois sur un animal, je m'installe à ses côtés, comme en d'autres occasions, et tout en lui parlant, je commence à me masser moi-même le pied ou la main tandis qu'il me regarde faire. Quand il cesse de trouver le spectacle digne d'intérêt, j'entreprends d'en faire autant sur lui : toute éventuelle méfiance envolée (nos petits amis sont de fins observateurs !), il trouve le jeu amusant et confortable. Tout au plus considère-t-il que parfois j'en fais un peu trop et me rappelle-t-il à l'ordre par un gémissement ou en retirant sa patte, mais il me permet aussi de bien vite la reprendre. Un animal est toujours à l'écoute de son corps (nous devrions prendre exemple !) et reconnaît une manœuvre qui libère en lui l'énergie bloquée, même si elle est un peu douloureuse : aussi l'accepte-t-il volontiers.

Cherchez les points sensibles

Commencez doucement votre massage. Il s'agit en l'occurrence de stimuler la zone souhaitée avec l'extrémité du pouce. Vous pouvez effectuer une ponçage circulaire sur place, en parcourant de cette façon toute la plante. Vous pouvez aussi simplement exercer sur le point une pression ferme maintenue un instant, puis relâchée ; le pouce poursuit alors son mouvement en avant vers un autre point proche du premier. Quelque soit la technique choisie, l'avance se fait régulièrement, toujours de l'arrière vers l'avant. Chez un animal, cela se fait rapidement, la surface à stimuler étant réduite.

Notez les points sensibles (il y réagit) ou les points « mous » dans lesquels votre doigt vous donne l'impression de s'enfoncer plus qu'ailleurs : ce seront ces points sur lesquels vous pourrez revenir en fin de séance, ou lors d'une séance rapide.

Commencez de préférence par la patte avant gauche. Stimulez en premier la partie arrière du coussinet, puis avancez le long du bord externe ; revenez au centre, puis parcourez la face interne. Remontez vers les doigts, travaillez chacun avec soin, de même que les espaces interdigitaux. Stimulez aussi les côtés externe et interne, ainsi que le dessus de la patte.

Passez ensuite à la patte avant droite. Stimulez de la même façon la patte arrière gauche, puis droite. Parvenu à ce stade, votre animal se montre généralement complètement détendu. Certains s'endorment carrément ! Pratiquez sans brusquerie, avec régularité. Ne vous interrompez pas brusquement : vous n'aimeriez pas ça ? eh bien, lui non plus.

Quelques minutes de séance suffisent. Répétez la séance quotidiennement (et même, dans certains cas, plusieurs fois par jour) sur les quatre pattes jusqu'à obtention du résultat désiré.

La réflexologie vertébrale

Je ne ferai que mentionner cette intéressante technique, très facilement applicable à nos animaux, petits et gros. Il s'agit de percuter les épines vertébrales, ou simplement de presser certains points situés le long de la colonne vertébrale. Chaque vertèbre est en relation avec certains organes ou fonctions précises sur lesquels il est ainsi possible d'agir.

Or nos amis à quatre pattes adorent ça ! Pourquoi s'en priver ? Si l'application de cette technique nécessite un apprentissage précis des correspondances et de la technique des pressions et percussions (généralement réservée aux professions de santé), il est une méthode simple qu'appréciera votre petit félin aussi bien que votre chien, utilisable même sur hamster, cochon d'Inde et autres rongeurs.

Le but est de libérer l'énergie dans tout l'organisme en stimulant les points situés de chaque côté de la colonne vertébrale. On obtient ainsi une stimulation du système immunitaire et un effet revigorant très utile sur les animaux fragiles ou âgés. Sur les autres, ce petit massage effectué régulièrement (il ne vous prendra que quelques instants) contribuera à le maintenir en bonne forme.

Comment pratiquer

Commencez par caresser l'échine de votre animal, normalement, pour qu'il y prenne plaisir. Puis exercez des pressions douces de chaque côté de sa colonne vertébrale. Partez de la base et remontez progressivement vers la tête. Vous pouvez le faire d'une seule main, en utilisant le pouce, l'index et le majeur : deux doigts d'un côté, le pouce de l'autre.

Faites en sorte que votre massage ressemble à une caresse un peu appuyée. Lorsque la séance est terminée, caressez-le à nouveau normalement en le félicitant de sa patience et de son excellente santé !

□

Une étonnante technique vietnamienne : le Dien'Cham' ou réflexologie faciale

Cette méthode venue du Vietnam donne des résultats spectaculaires. Chez les humains, elle consiste en la stimulation de points-réflexe situés sur le visage, facilement repérables, avec pour principal instrument le doigt ou l'extrémité arrondie d'un stylo-bille, parfois une roulette dentée ! Les maux et douleurs disparaissent comme par enchantement, en quelques secondes ou, au pire, minutes !

Par ce procédé – que Nhuan Le Quang a rendu accessible à tous en le simplifiant -, on réveille l'énergie, on la fait circuler, ce qui permet aux organes de retrouver naturellement et sans danger leur vitalité et leur bon fonctionnement. A la fois curative et préventive, cette méthode entretient la santé en dynamisant les fonctions essentielles du corps et en renforçant le système immunitaire, ce qui permet au corps de s'auto-guérir.

Pratiquement n'importe quel type de douleur, récente aussi bien que chronique, se trouve ainsi soulagée en quelques instants : cela semble incroyable, mais ça marche vraiment. Les résultats sont plus rapides et spectaculaires qu'avec toute autre méthode de réflexologie.

Le Dien'Cham' utilise plusieurs représentations du corps sur le visage, ainsi qu'une soixantaine de points-réflexe[1]. Nous nous limiterons à l'une d'elle, facilement mémorisable, ainsi qu'à quelques points de base. Pour cela, référez-vous aux schémas, utilisable sur tous les animaux. Je suis certaine que cette technique de base vous rendra déjà de grands services.

Une méthode bien acceptée

Aux Etats-Unis, de même qu'au Vietnam, cette technique est largement appliquée au traitement des animaux. De plus, ils adorent ça !

Nous avons coutume de pratiquer chaque soir sur nous-mêmes une courte séance pour nous défatiguer de la journée et nous préparer

[1] Un livre est en préparation sur le sujet.

au sommeil. Notre chien nous regarde généralement faire puis, quand nous en avons fini, demande clairement qu'on ne l'oublie pas : il frétille de la queue, donne un coup de langue à la roulette dentée que nous utilisons souvent, puis tend vers moi un museau plein d'attente. Vous savez ce que c'est : je n'ai plus qu'à m'exécuter. Je stimule alors les principales zones avec cette roulette, en insistant sur celles qui lui correspondent le mieux.

Quant à mes chats, je préfère utiliser les doigts car la roulette les effraient un peu. On peut aussi faire du Dien'Cham' comme Monsieur Jourdain faisait des vers : sans le savoir, quand, par exemple, on caresse avec soin et attention tout le museau de son ami (colonne vertébrale, système digestif, poumons, organes génitaux...), l'arrière ou l'avant de ses oreilles (système immunitaire, colonne vertébrale, équilibre général physique et psychique), le front et les arcades sourcilières (système nerveux, pattes avant, tête...).

Un remède de cheval

Cette technique se montre aussi très efficace pour traiter les chevaux. Il existe d'ailleurs une roulette un peu plus grosse qui facilite la tâche, à condition bien sûr que ce nouvel instrument n'effraie pas notre ombrageux compagnon. Bien des problèmes de jambes et de pieds peuvent être soignés de cette manière et l'on a pu constater de bons résultats dans des cas où toute autre thérapie avait échoué. L'idéal, en cas de chute ou lésion accidentelle, est de traiter dès que possible: le rétablissement d'une bonne circulation sanguine et énergétique locale permettant souvent d'en réduire les conséquences. La stimulation devrait, dans ce cas, se prolonger durant plusieurs minutes.

Comment stimuler

Le plus simple est masser fermement ou de tapoter la zone-réflexe avec l'extrémité du doigt. Si vous disposez de la roulette dentée, il suffit de la passer doucement sur les zones choisies: l'animal en appréciera le léger effet de grattage.

La séance peut durer de une à dix minutes: tout dépend de ce qu'en pense l'intéressé! Elle peut avoir lieu à tout moment. En cas de troubles digestifs, il est souhaitable de stimuler les zones de correspondance après les repas.

Repérage des zones-réflexe

Rien de plus simple, du moins en ce qui concerne cette procédure simplifiée. Que votre animal soit grand ou petit, que son museau soit allongé ou complètement aplati, qu'il soit chat, chien ou lapin nain, les points de repère sont les mêmes. Suivez les schémas et adaptez-les à sa morphologie. Il est quelques règles de base à bien connaître :

○ **Le chanfrein** (la partie centrale du museau) représente la colonne vertébrale. On trouve vers la truffe : le coccyx et à la racine du nez (entre les deux yeux) la nuque. Entre ces extrêmes, toutes les vertèbres sont représentées : d'abord , en partant de la truffe, les lombaires (avec les correspondances reins, intestins, organes génitaux), puis les dorsales. Il peut être très intéressant de stimuler cette zone en cas d'accident, de paralysie, d'arthritisme, aussi bien que dans le cas de blocage des reins, de troubles digestifs ou de problèmes respiratoires (veillez dans tous ces cas à stimuler de préférence les points plus directement en rapport avec ces problèmes). De chaque côté du chanfrein, on trouve aussi les zones-réflexe du bassin (vers la truffe), de la cage thoracique (vers le milieu) et du cou (partie supérieure).

Projection du corps sur la face (pour tout animal)

Une séance-type de «calin» thérapeutique

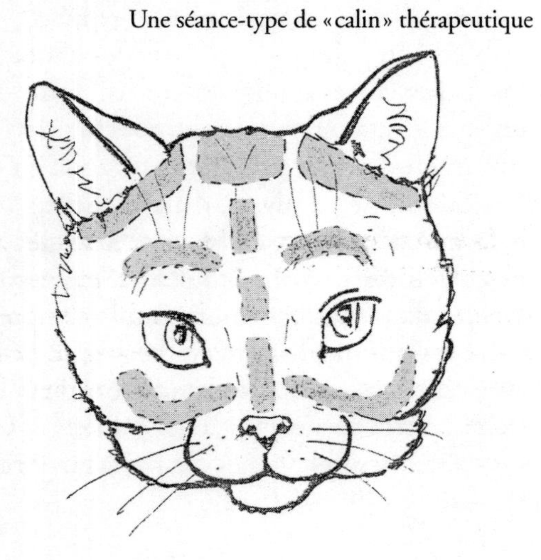

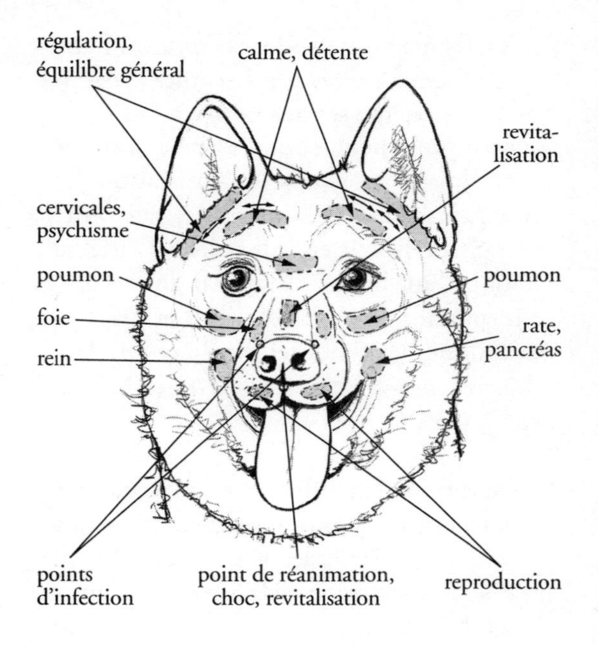

○ **Les arcades sourcilières:** ce rebord osseux qui surplombe l'orbite de l'œil. Elles correspondent aux épaules (vers la racine du nez), aux membres antérieurs avant (partie centrale), puis aux «mains» et doigts (vers la tempe). La stimulation de cette zone a un effet calmant, apaisant sur les animaux stressés ou anxieux.

○ **Le front:** l'ensemble de la zone est importante et vous pouvez la stimuler dans son ensemble, même si vous ne savez pas exactement à quoi chaque point correspond. Tout d'abord, on y trouve la représentation de la tête et des fonctions cérébrales, au centre. Mais on y retrouve aussi la colonne vertébrale (le long d'une ligne centrale partant du nez et se terminant entre les oreilles) et pratiquement toutes les zones-réflexe du corps. Aussi, n'hésitez pas à «câliner» particulièrement cette région!

○ **Autour de la truffe:** cette zone correspond au bassin. Il est bon de beaucoup la stimuler dans les cas de paralysie, de lésion accidentelle, mais aussi de dysplasie de la hanche. Attention: ne stimulez pas la truffe elle-même (votre ami n'apprécierait pas!).

○ **Le philtrum** (entre la base de la truffe et la lèvre supérieure): juste sous la truffe se trouve un point très important qui peut sauver la vie de votre animal. C'est un point de réanimation, de tonification, à stimuler en cas d'état de choc, de perte de conscience, mais aussi de grande fatigue et de baisse immunitaire. En cas de besoin, il provoque le vomissement si vous

Un corps étranger s'est coincé dans la gorge de votre animal

Ou bien il a «avalé de travers», ou un morceau de viande est resté bloqué dans sa gorge (ça arrive chez les chats): vous le voyez prostré, en train d'étouffer.

N'attendez pas: stimulez fortement ce point de réanimation pendant quelques instants; en général, votre animal recrache rapidement l'objet en question. Bien sûr, adaptez la stimulation à la taille de votre compagnon: fortement ne signifie pas la même chose sur un berger allemand que sur un chat (d'ailleurs, il vous le fera vite comprendre)!

Et si cette procédure n'a pas fonctionné parce que l'objet est trop gros, emmenez d'urgence l'animal chez le vétérinaire le plus proche.

le stimulez de façon prolongée: cela peut être utile si votre chien est du genre à avaler tout ce qui lui passe à portée de la truffe! Lors d'une séance simple, stimulez-le doucement, pour habituer votre animal et relancer son énergie vitale. Ainsi n'aurez-vous pas de problème à l'utiliser de façon plus musclée en cas de problème grave.

○ **Du philtrum** (sous la truffe) **à la commissure des lèvres**: cette zone correspond à la cuisse, mais aussi à l'intestin. L'estomac y est représenté vers la partie supérieure. On y trouve aussi à droite le point du foie, à gauche celui de la rate.

○ **La commissure des lèvres** correspond à l'articulation du genou, au tarse, mais aussi aux reins. La zone part de la commissure des lèvres et remonte sur quelques centimètres en direction de l'oreille.

○ **De la commissure des lèvres au centre du menton**: cette zone correspond à la jambe, au métatarse, aux pied et aux doigts (centre du menton). Très utile en cas de fracture : la stimulation fréquente des zones-réflexe permet d'accélérer l'ossification et permet une meilleure récupération même si le membre est plâtré.

○ **Le tour de l'oreille** est une zone très importante à stimuler. Ses correspondances multiples la font indiquer comme le final obligé de toute séance de Dien'Cham'. D'ailleurs, c'est comme par hasard la zone préférée de tous les animaux : quel maître n'a jamais gratté derrière l'oreille de son chat ou de son chien ?

Ces quelques pistes devraient vous permettre de transformer facilement vos moments de câlinerie en séances thérapeutiques, pour le plus grand bien de votre ami. Une séance de base, générale et rapide, est décrite sur l'un des schémas : vous pouvez l'utiliser lors du calin quotidien.

Lorsque vous aurez appris à bien maîtriser ces techniques de base, il sera toujours temps, si vous le désirez, d'aller plus loin. Vous aurez entre temps évité à votre compagnon bien des ennuis de santé et lui aurez permis d'en surmonter un certain nombre.

□

Le meilleur secret de santé ? Aimez-le et communiquez avec lui

J'ai découvert chez les animaux tant de qualités étonnantes, et pas seulement chez les chiens et chats, aussi chez ceux qui dénomme avec mépris «volailles» (poules, coq, canards et canes) dont je soupçonne que la bêtise qui leur est généralement attribuée n'est que le reflet du regard vide qu'on leur porte généralement: nous restons étonné de la réflexion dont nos amis à plumes font preuve, de leur demande de câlineries et de l'attention qu'ils se portent mutuellement en cas de besoin. Sans compter l'amour inconditionnel dont nous abreuve notre petite pigeonne... Je pense que le sentiment de totale sécurité que tous ressentent en notre présence y est pour beaucoup. Qui aurait l'idée de comparer le comportement d'un prisonnier traité sans le moindre respect, qui plus est condamné à mort, avec celui d'un homme libre et heureux de vivre ?

Si vous en avez l'occasion, n'hésitez pas: plongez dans ce monde fascinant. Perdez votre regard au fond d'un autre regard: un univers d'amour vous y attend et il me faudrait plus d'un livre pour en parler !

La violence dont souffre notre monde, le manque criant de simple « humanité » (c'est nous qui avons pourtant inventé le mot) que nous décrivent si généreusement les journaux télévisés, ne prendrait-t-elle pas aussi sa source dans cette habitude que l'on donne si jeune aux enfants de ne pas respecter l'animal, ou du moins certains animaux et pas d'autres. Témoin cet échange surpris entre une petite fille et sa mère sur la place du marché:

— Mais, maman, le canard, il a l'air gentil: je veux pas que tu l'achètes pour qu'on le mange. Ça lui fait mal, au canard, quand on le tue...

— Mais non, chérie... Un canard, c'est fait pour être mangé. Un canard, c'est bête: il ne comprend pas et ça ne lui fait pas mal !

Un enfant aura toujours du mal à faire la différence entre le chat du voisin... et le poulet que sa mère va faire cuire ! C'est ainsi que certains commencent à martyriser le chat...

Et comme intuitivement ils reconnaissent en l'animal des sentiments, des émotions, des souffrances et des joies analogues aux leurs, certains s'endurcissent, puis passent aux humains... Il y a en cela une inéluctable logique :

Ce que l'homme fait aux animaux, un jour il le fait à ses semblables !

Il n'est que d'observer un peu autour de soi pour s'en rendre compte. D'ailleurs, les plus éminents criminologues reconnaissent dans la violence faite aux animaux l'un des précurseurs de la criminalité future : l'enfant qui martyrise son chien finit un jour par tuer un animal ; ce premier échelon franchi, il continue sa progression dans la pulsion criminelle, laquelle aboutit souvent à la torture, au viol et au meurtre. C'est ainsi que des scientifiques endurcis par l'expérimentation animale ne voient guère de raison de ne pas passer au stade supérieur : cela c'est fait, cela se pratique de nos jours, et cela continuera de se faire si l'on poursuit dans la direction actuelle.

C'est pourquoi nous sommes nombreux à considérer comme extrêmement importants, pour l'avenir même de notre vie et de sa qualité, la protection animale, la reconnaissance d'un statut de l'animal, de ses droits inaliénables à disposer de sa vie, de sa liberté en tant qu'être vivant partageant avec nous un domicile commun : notre planète. Enseigner aux enfants ce respect et le manifester en cessant, par exemple, de se nourrir du meurtre de nos frères (ça ne pose aucun problème !) semble pourtant un premier pas facile à franchir, qui ne pourrait qu'entraîner un plus grand respect pour la vie en général et celle des autres hommes en particulier. Il ne s'agit là que d'une éducation de la sensibilité (ridiculisée sous le terme de « sensiblerie ») qui permet le développement de l'empathie, cette capacité de « se mettre à la place de l'autre » qui seule permet de comprendre le bien-fondé de cette antique loi : « Ne fais pas à autrui ce que tu ne voudrais pas qu'on te fasse à toi-même », avec son corollaire : « Faites aux autres ce qui vous aimeriez que l'on vous fit ! »

Quant aux soins à donner aux animaux, ils commencent par une manière de se rencontrer, de communiquer aussi. Sachez-le, un animal ne ment pas : il est vrai par nature ! Cultivez ce contact d'être à être, respectueux, tenant compte de la différence certes (tout anthropomorphisme est préjudiciable aux deux), mais excluant tout sentiment de supériorité de l'un par rapport à l'autre. Parlez-lui, avec vérité : si vous lui mentez, il le sait et se comportera en fonction de ce qu'il sait être votre réalité.

Dites-lui, par exemple, ou pensez: « Je porte en moi l'univers, toi aussi. Je te respecte comme un frère en ce monde manifesté, alors toi, veux-tu me respecter ? J'ai confiance en toi et tu as confiance en moi : si tu le veux, soyons amis ! J'ai aussi confiance en ta propre capacité de t'auto-guérir : permets-moi simplement de t'y aider »... C'est de cette manière qu'aucun animal, même blessé, ne m'a jamais fait le moindre mal. J'ai même pu récemment vivre cette expérience que d'aucun jugeront probablement si « dégoûtante » : caresser un rat adulte auquel je venais d'offrir une feuille de salade qu'il avait accepté de manger alors que je la tenais encore ! Croyez-moi, ce genre d'expérience nous guérit aussi nous-mêmes ! A chacun de découvrir de quoi, pourquoi et comment...

□

Index thérapeutique

(voir aussi les planches de réflexologie)

DUMAS-TITOULET Imprimeurs
42100 SAINT-ÉTIENNE
Dépôt légal : mars 2001
N° d'imprimeur : 36354B

Imprimé en France